# Ruidos en el adosado

Victoria López Sanjuán

*en* CLAVE ELE

# Créditos

**Coordinadora editorial:** Paula Queraltó

**Equipo editorial:**
Edición: Aurora Martín de Santa Olalla
Corrección: Ana Portilla y Raquel Seijo
Diseño y puesta en página: Atype S.L.
Ilustraciones: Fernando Dagnino
Cubierta: Atype S.L.
Fotografía de cubierta: enClave-ELE

© de esta edición enClave-ELE, 2012

Ruidos en el adosado
ISBN: 978-84-15299-16-5

Depósito legal: M-20639-2012
Impreso en España

Cualquier forma de reproducción, distribución, comunicación pública o transformación de esta obra solo puede ser realizada con la autorización de sus titulares, salvo excepción prevista por la ley. Diríjase a CEDRO (Centro Español de Derechos Reprográficos, http://www.cedro.org) si necesita fotocopiar o escanear algún fragmento de esta obra.

# Índice

Capítulo 1 .................................... 5

Capítulo 2 .................................... 11

Capítulo 3 .................................... 15

Capítulo 4 .................................... 19

Capítulo 5 .................................... 23

Capítulo 6 .................................... 25

Capítulo 7 .................................... 31

Capítulo 8 .................................... 33

Capítulo 9 .................................... 37

Capítulo 10 ................................... 41

Capítulo 11 ................................... 45

Capítulo 12 ................................... 49

Capítulo 13 ................................... 51

Capítulo 14 ................................... 53

Actividades: Prepárate para la lectura .............. 55

Actividades: Sobre la lectura ..................... 57

Soluciones .................................... 60

Notas ........................................ 62

# 1

—Esta casa es muy pequeña, Fer —le dice María a su marido.

—El adosado[1] de las afueras es grande y tiene un jardín —insiste María.

—Lo sé, Carmen puede jugar en el jardín —responde Fernando.

Fernando y María viven en una casa pequeña en el centro de Madrid. Después de meses de búsqueda, ven una casa que le gusta a María, pero antes debe convencer[2] a su marido.

—Aquí hay dos habitaciones, la habitación de Carmen y nuestra habitación —dice María.

—Además, hay un salón y una cocina. También hay un baño —añade Fernando.

El adosado de las afueras[3] es más grande. A María le gustan las casas grandes. Tienen una hija, Carmen. En el piso de la ciudad la niña no puede jugar. No hay espacio.

Si viven en el adosado, Carmen puede jugar en el jardín cuando vuelve a casa.

—También podemos tener un perro —piensa Fernando—. Les gustan mucho los animales. No pueden tener uno en una casa tan pequeña.

María tiene treinta años, es profesora[4] y trabaja en un colegio cerca de su casa. Le gusta mucho su trabajo.

Todos los días se levanta temprano, le da el desayuno a Carmen y la lleva a la guardería.

—Carmen, despierta, vamos al colegio —le dice a su hija.

—¿Es de día? —pregunta Carmen todas las mañanas.

Tiene tres años y es una niña alegre y feliz. Siempre está jugando con su perrito de trapo, Sultán. Lo lleva a todas partes.

Después de dejar a Carmen en la guardería, María se va al colegio en autobús. Está toda la mañana en el colegio, come allí y a las tres sale de trabajar. Recoge a Carmen y vuelven a casa.

Si tiene que hacer compra, van al supermercado. Otras veces van al parque y Carmen puede jugar con otros niños. Vuelven a casa y prepara la cena.

Fernando tiene treinta y un años y trabaja en una oficina. Se levanta con María y desayuna con ella y con su hija. Después va al trabajo en coche. No puede comer en casa, el trabajo está lejos. Va a comer con sus compañeros a las dos y vuelve al trabajo a las cuatro. Sale del trabajo a las seis y vuelve a su casa. Si tiene tiempo, juega un rato con su hija; luego, la baña y cena con ella.

María y él tienen una vida muy tranquila. Todo el tiempo libre se lo dedican a su hija.

Fernando piensa en el adosado. María tiene razón sobre la casa y está de acuerdo con ella.

—¿Qué me dices? —le pregunta María.

—Está bien —dice Fernando—, vamos a comprar ese adosado y nos vamos a vivir allí. ¿Te apetece?

—¡Claro que sí! Ya sabes que estoy encantada. Si es posible, podemos comprar el adosado de esquina. Tiene más metros cuadrados de jardín.

—Y menos vecinos[5] que nos molesten.

—Ahora tenemos seis vecinos en cada planta, además del vecino de arriba y la vecina de abajo. No pasa nada si tenemos un vecino a cada lado.

—Sí, pero es mejor tener solo uno. O ninguno.

—Qué poco sociable eres, Fer. A mí me gusta mucho hacer amistades nuevas y conocer a los vecinos.

—Estupendo. Pues vas a conocer a dos. Al de la izquierda y al de la derecha porque… ¡Mira el precio del adosado de esquina! —exclama Fer.

—¡Qué horror! No lo podemos pagar. Cuesta casi el doble. Nos quedamos, sin duda, con uno normal. En el futuro, podemos vender el adosado y comprar un pareado.

—Sí claro, o un castillo, ¿no?

# 2

Fernando mete en el coche las últimas cajas. María lo mira y mira su piso. Ya no van a vivir allí más. Se trasladan al adosado.

—Vamos a ser muy felices allí —dice Fernando.

—Voy a echar de menos estar cerca del colegio —contesta María.

—Todavía podemos quedarnos —se ríe Fernando.

—¡Jamás! —le responde María.

Se despiden de sus vecinos antes de entrar en el coche y se van hacia su nueva casa.

—Hasta pronto —le dice su vecina—. Vamos a ir a visitaros.

María le sonríe y le da un abrazo.

Carmen no está en el coche. Está con sus abuelos y así ellos pueden hacer la mudanza con tranquilidad.

En el coche, María piensa en su nueva casa.

El adosado está cerca de la ciudad, en una urbanización[6] muy grande. La urbanización tiene una piscina y muchos árboles.

Es una casa grande. Tiene dos pisos. En el primer piso hay una habitación, un salón y una cocina. La habitación está llena de cajas con libros de María. En el salón están la televisión y una pequeña mesa para trabajar. Encima de la mesa hay un ordenador. También hay dos sofás grandes de color verde. Las paredes son blancas. La cocina es amarilla, tiene muchos muebles y una mesa muy grande. Hay armarios por todas partes.

En el segundo piso está la habitación de Carmen, la suya y otra para los invitados.

La habitación de Carmen es rosa. Tiene una cama pequeña, un armario, una mesilla y mucho espacio para jugar. Está llena de juguetes.

La habitación de María y Fernando tiene una cama grande, un armario también grande y dos mesillas.

También hay un espejo.[7] A María le gustan mucho los espejos.

Además, hay un sótano debajo. Allí guardan las cosas viejas.

En la parte de fuera, la casa tiene un jardín con muchas flores y algunos árboles.

# 3

Son las ocho de la tarde y Fernando todavía no está en casa. Hoy sale tarde de trabajar.

María está preparando la cena. Llaman a la puerta y va a abrir.

—Seguro que es Fernando. ¡Se le olvidan siempre las llaves! —piensa María.

María abre la puerta y ve a una señora de unos cincuenta años. Es baja, delgada y tiene el pelo rubio y largo.

Lleva una falda gris, una chaqueta rosa y unos zapatos de tacón[8] muy altos. Tiene un anillo muy grande en el dedo índice. Lleva un bizcocho[9] en las manos.

—Hola, mi nombre es Enriqueta. Soy tu vecina —la saluda con una sonrisa.

—Hola, yo me llamo María.

—Mi casa es la de al lado —dice Enriqueta—. Te traigo un bizcocho.

Parece una señora agradable y María la invita a pasar.

—¿Te apetece un café? —le ofrece María.

—No, gracias. Voy a cenar enseguida —rechaza amablemente la vecina.

María y ella empiezan a hablar.

—Vivo con mi marido, Iñaki. Mi marido y yo no tenemos hijos —le cuenta Enriqueta.

—Yo también estoy casada. Mi marido se llama Fernando. Tenemos una hija que se llama Carmen —le dice María.

—¿Cuántos años tiene?

—Tiene tres años. Ahora duerme. Se acuesta siempre a las ocho.

—¿Trabajas? —le pregunta Enriqueta.

—Soy profesora y trabajo en un colegio. El colegio está en el centro de Madrid. ¿Y tú?

—Soy ama de casa[10] —dice Enriqueta.

—¿A qué se dedica tu marido? —quiere saber la vecina.

—Trabaja en una oficina. Es contable —le dice María—. ¿Cuál es el trabajo de tu marido?

—Mi marido es empresario.[11] Tiene una empresa de exportación.[12] Viaja mucho, todas las semanas, y yo estoy mucho tiempo sola en casa.

—¡Uy! ¡Qué tarde! —dice de pronto Enriqueta mirando su reloj—. Mi marido está a punto de llegar de viaje. Tengo que hacer la cena.

—Fernando también está a punto de llegar —dice María.

—Me voy; si necesitas algo, estoy al lado —se despide Enriqueta.

—Gracias, Enriqueta. ¡Hasta pronto!

Diez minutos más tarde llega Fernando.

María le abre la puerta y le dice —¿Sabes? Nuestra vecina es muy agradable.

Y le cuenta la visita de Enriqueta.

# 4

Llaman a la puerta.

—¿Quién es? —pregunta María—.

"Quizá es Enriqueta otra vez", piensa.

—Ahora abro.

Aparece una mujer joven muy guapa. Mide casi 1,80 m. Lleva unos vaqueros de diseño que permiten ver su excelente figura delgada, pero atlética. También lleva una camiseta que deja ver su ombligo. Es pelirroja, con ojos azules y sonrisa perfecta.

—¡Hola! Soy Olivia, la vecina de la derecha.

—Hola, encantada. Yo soy María. Acabamos de mudarnos.

—Sí, ya veo todas las cajas. Cuenta conmigo si necesitas algo. ¿Tienes hijos?

—Sí, una niña, ¿y tú?

—No, no. Soy soltera.

—¡Ah! ¿Trabajas?

—Sí, claro. Trabajo, estudio, hago deporte, viajo, leo, pinto… No tengo ni un segundo libre.

—¡Qué suerte!

—Oye, si quieres, me puedes acompañar al gimnasio. Está aquí, muy cerca, en el centro comercial.

—No puedo. Trabajo por la mañana y luego tengo a mi hijita, que es muy pequeña.

—Bueno, pues llevamos a tu hija también al gimnasio.

—Gracias. Lo voy a pensar. Puede ser una buena idea.

—También le podemos dejar la niña a tu marido y nosotras salimos por ahí, al cine, a cenar, o a la discoteca…

—Sí, sí. Ya te llamo.

—Llama a la puerta o al móvil. Te doy el número. Es el 687 665 976.

—Gracias. Hasta luego.

—Ya sabes, si necesitas algo…

—Te llamo. Adiós y encantada.

# 5

Fernando llega temprano de trabajar. Trae una caja con un gran lazo[13] rojo. Es un regalo.

—¡Carmen! ¡María! —llama a su mujer y a su hija.

—Estoy en el jardín con una sorpresa.

María y Carmen bajan al jardín y miran la caja con curiosidad.

Fer pone la caja en el suelo.

—Carmen, ¿por qué no abres la caja? Le puedes quitar el lazo —le dice a su hija.

Esta no se lo piensa dos veces y abre la caja.

—¡Un perrito![14] ¡Un perrito! —exclama la niña muy feliz—. ¡Es como mi perro de peluche!

María y Fernando miran a la niña. Carmen coge al perro y les dice a sus padres:

—¡Mamá, papá, este es Sultán!

—Hola, Sultán —le dice María. Se agacha y acaricia al perro.

En ese momento, Enriqueta, la vecina, sale al jardín. El perro la ve y empieza a ladrar.

—A Sultán no le gusta Enriqueta —les dice Carmen muy seria.

El perro ladra a la vecina con más fuerza.

María y Fernando se acercan a hablar con ella.

—Hola, Enriqueta —saluda Fer—. ¿Y tu marido? ¿Está de viaje otra vez?

—Sí, siempre está fuera —dice encogiéndose de hombros.

—Tienes un perrito nuevo —le dice a la niña.

—Sí, se llama Sultán. Tú no le gustas —responde Carmen muy convencida.

—Cosas de niños —se disculpa María por el comentario de su hija.

—Vamos a buscarle comida a Sultán, papá. Tiene hambre —dice Carmen.

Los tres se despiden de Enriqueta y entran en la casa.

# 6

—María, llevamos aquí dos meses y no conocemos al marido de Enriqueta —le dice Fer a María.

—Trabaja mucho. Viaja por toda España —responde María.

—Es raro —dice su marido—, Enriqueta está siempre sola y nunca sale de casa, solo a veces sale al jardín.

—Lo sé —responde María—. Tampoco habla con nadie. Solo con nosotros. No habla con otros vecinos.

En ese momento, Sultán empieza ladrar y los interrumpe.

—¡Sultán! ¡Ven! —llama Fer.

El perro ladra y ladra. Fer se acerca al jardín y mira a ver si hay alguien. No ve a nadie. Mira la casa de Enriqueta y ve a un hombre detrás de las cortinas. Después solo ve una sombra.[15]

—¡Sultán, cállate! —le dice al perro. Lo coge en brazos y lo lleva a la cocina.

—María, hay un hombre escondido detrás de las cortinas del salón de Enriqueta —le comenta a su mujer.

—Eso no puede ser. ¿Por qué alguien va a estar escondido? Estás equivocado.

—No, no estoy equivocado. Hay un hombre espiando. Estoy seguro.

De repente, oyen el ruido de un coche. Se asoman a la ventana y ven dos coches delante de la casa de Enriqueta.

Los dos coches son grandes y de color negro. En uno de los coches hay tres hombres. En el otro, hay cuatro hombres. Parecen peligrosos.

Se bajan del coche y van hacia la casa de Enriqueta. Llaman a la puerta, pero nadie les contesta.

Uno de los hombres va vestido de blanco, lleva un sombrero también blanco y unos zapatos negros. Los otros hombres van vestidos de negro, son muy altos y fuertes y llevan corbata. Parecen guardaespaldas.[16] El hombre de blanco es el jefe y les da órdenes a los otros.

María y Fer miran desde la cocina.

Entonces, suena un golpe fuerte en el sótano de la casa.

Sultán ladra.

—¿Carmen? ¿Qué haces? —pregunta María a su hija.

—Nada, mamá. Sultán y yo vemos la tele —responde la niña.

—¿Y ese ruido? —pregunta de nuevo su madre.

—No lo sé. Sultán ladra mucho. Es Enriqueta. No le gusta —dice la niña.

—Enriqueta no está aquí. Está en su casa —dice María.

De repente, huele a humo. María y Fer miran por toda la casa y no ven nada. Abren la ventana de la habitación de arriba y ven que sale humo del jardín de la derecha.

—Es el jardín de Olivia —dice María—. Voy a ver.

Sale de su casa y va a ver a Olivia.

—¿Se puede?

—Ah, María. Pasa, pasa, por favor. Tengo una fiesta, con barbacoa y todo. ¿Quieres unirte a nosotros?

—No, gracias. Solo quiero un vaso de agua o un refresco y me voy.

—Bueno. Aquí tienes. Un vaso de agua mineral, con un poco de limón.

—Gracias, Olivia.

—¿Qué le pasa a tu perro? Ladra mucho.

—No sé. Hay un ruido extraño.

—¿Ruido? ¿Qué ruido? Con esta música no oigo nada extraño.

—Hay unos hombres raros vestidos de negro.

—¿De verdad? ¡Qué misterioso! ¿Dónde están? Mira, mis amigos también están vestidos de negro. ¿Quizás crees que mis amigos son misteriosos? —bromea Olivia.

—No. Están en la casa de Enriqueta.

—¡Qué imaginación tienes!

—Bueno. Vuelvo a mi casa. Fer y la niña me esperan.

—¿No quieres quedarte un poco más?

—No, gracias. Hasta luego. ¡Ah!, y gracias por la bebida.

# 7

María vuelve a casa. Va a la cocina, donde está Fer.

Suena otro golpe en el sótano.

—¿Qué es ese ruido? —pregunta Fer.

María está asustada. Va al salón y coge a su hija.

—Ven, Carmen —le dice.

—Vamos, Sultán, y cállate ya —le repite la niña.

—Voy a mirar al sótano —dice Fer—. Puede ser un ratón.

—Llama a la policía —dice María.

—Espera, voy a mirar primero —responde su marido.

En ese momento, oyen los gritos del hombre de blanco. Llama a la casa de Enriqueta, pero no le abren la puerta.

—Estáis ahí. Lo sé —grita el hombre.

—Voy a tirar la puerta abajo si no me abrís —dice más alto.

Dos hombres de negro golpean la puerta. Entran en el jardín, pero allí no hay nadie.

Fer y María no se atreven a salir.

Sultán ladra otra vez. Los hombres lo oyen y miran hacia la casa de Fer y María.

El hombre de blanco ordena a uno de sus hombres acercarse a mirar.

Este sale de casa de Enriqueta y se dirige a casa de Fer y María. Llama a la puerta.

—¡A la habitación! —les dice Fer a su mujer y a su hija.

—Fer, ten cuidado —le dice María. Entonces coge a la niña y suben muy rápido al piso de arriba.

Fer abre la puerta.

—Hola, ¿qué desea? —le pregunta al hombre de negro.

—Hola. Buscamos a sus vecinos. ¿Sabe dónde están?

—No, no lo sé. Los vemos muy poco. El marido viaja mucho y la mujer está sola —responde Fer.

—Gracias —responde el hombre muy serio. Luego se da media vuelta y se va.

Fer cierra la puerta.

Los hombres se meten en el coche. Se van. No han encontrado nada.

# 8

—¿Dónde está Enriqueta? —se pregunta Fer.

María y Carmen están otra vez en la cocina.

—Enriqueta no sale nunca de casa. ¿Por qué no abre a esos hombres? —pregunta Fer a su mujer.

—No lo sé. Es una señora mayor.[17] Les tendrá miedo —responde María.

—¿Quiénes son esos hombres? —le pregunta María—. ¿Qué quieren? ¿Por qué buscan a Enriqueta?

—No lo sé. Es muy raro. ¿Y el hombre de detrás de las cortinas? ¿Quién es?

Sultán ladra otra vez.

—Este perro es muy pesado. Ladra todo el tiempo —dice Carmen.

—El perro está inquieto[18] —añade Fer.

—Solo ladra si Enriqueta está cerca. Y ahora no lo está —dice María.

—Voy a hacer la cena —les dice María.

—Yo voy a bajar al sótano —dice Fer.

Sale de la cocina y abre la puerta del sótano.

Baja por las escaleras. Está muy oscuro. Enciende la luz para poder ver bien.

En el sótano tienen cosas viejas: cajas con libros y discos,[19] sillas rotas y una mesa. No utilizan esas cosas. También hay una cama de María. No la quiere tirar.

Fer no ve nada raro en el sótano. Hay mucho polvo. Las cajas están cerradas. Tienen los nombres escritos: libros de María, juguetes viejos de Carmen y discos de Fer.

Sin embargo, se acerca a la cama y en el suelo ve un papel y un plato con comida. La comida está caliente.

El papel es un billete de autobús. Fer mira la fecha.

—Tiene fecha de hoy —dice sorprendido.

¡Alguien vive en su sótano! ¡Y hoy está allí! Pero... ¿por dónde entra?, se pregunta Fer.

Fer sube corriendo las escaleras.

Se lo cuenta a María y llaman a la policía.

# 9

Un coche de policía llega rápidamente a casa de María y de Fer.

Fer le abre la puerta al inspector, que se presenta.

—Hola, soy el inspector Rodríguez.

—Hola, yo soy Fernando y ella es María. Esta es nuestra hija, Carmen.

—Cuénteme todo paso por paso —le pide el inspector mientras se sienta.

—Primero, en la cocina, oímos un ruido muy fuerte y llegan unos hombres de negro a casa de mi vecina —relata Fer.

—Llaman a la puerta y preguntan por Enriqueta y su marido —continúa—. Y luego, el ruido.

¿Llegan primero los hombres de negro y oyen el ruido? —pregunta el inspector.

—Primero llegan los hombres —dice Fer—, miramos por la ventana y los vemos llamar a casa de los vecinos. No les abren. Entonces, oímos un ruido en el sótano.

—Los hombres se van y oímos otro ruido —dice María.

—Entonces, ¿qué hacen? —pregunta el inspector.

—Bajo al sótano. Está lleno de cosas viejas —dice Fer.

—¿Qué ocurre en el sótano? —pregunta de nuevo el inspector.

—Encuentro un billete de autobús de hoy y un plato de comida. La comida está caliente —le cuenta al inspector.

—Vamos al sótano —dice el inspector.

Bajan al sótano y no ven nada. El billete de autobús y el plato de comida no están allí.

El inspector mira a Fer.

—La comida no desaparece sola —le dice Fer—. Los platos no vuelan —insiste.

—Si no hay pruebas,[20] no puedo hacer nada —les dice el inspector.

Se da media vuelta y se va.

—Si vuelve a pasar algo, nos avisan —les dice antes de salir.

# 10

María y Fer están inquietos.

Llevan tres días sin dormir, desde la aparición de aquellos hombres y los fuertes ruidos.

Escuchan atentamente[21] por si hay algún ruido más, pero no oyen nada.

Fer baja al sótano todos los días, pero tampoco encuentra nada.

Enriqueta está encerrada en su casa. No abre la puerta a nadie y se esconde detrás de las cortinas. Tampoco se ve a ningún hombre.

Sultán ladra mirando hacia la casa.

Es sábado y Fer no trabaja. Está en el jardín con Carmen.

De repente, se oye de nuevo un gran ruido en casa de Enriqueta.

¡Los hombres de negro están aquí!

Tiran abajo la puerta de casa de Enriqueta y entran.

María y Fer les ven romper todo. Buscan algo. ¿Qué pueden buscar los hombres?

Sorprendentemente, Enriqueta no está dentro.

—Está escondida —dice María.

—La pobre tiene miedo —añade Fer—. Voy a llamar a la policía.

—Rápido, Fer —le dice María.

Fer llama a la policía. Los hombres siguen en casa de Enriqueta.

Desde su casa, María y Fer oyen las sirenas de los coches de policía. Los hombres de negro están ocupados y no las oyen. Hacen mucho ruido dentro de la casa de Enriqueta.

Olivia escucha todo el ruido y va a casa de María.

—¿Qué pasa? ¿Qué es ese ruido? —pregunta Olivia.

—Son los hombres de negro —responde Fer.

Olivia saca del bolsillo una pistola y dice:

—Apártate; yo lo arreglo.

Olivia les apunta con la pistola y les dice:

—Alto. No quiero ver ni un movimiento.

Mientras tanto, la policía llega a la casa y ve a Olivia y a los hombres de negro.

Cuando ven a Olivia con la pistola, le advierten: —Manos arriba, suelte el arma.

Ella suelta el arma, pero dice: —Soy Olivia Sahagún, la inspectora jefe de la brigada anticorrupción.

—¿Tiene documentación? —le preguntan.

—Aquí está mi placa, agente.

—Disculpe, inspectora. La verdad es que llevo poco tiempo en el cuerpo[22] y aún no conozco a todos los jefes.

—No se preocupe. Vamos a atrapar a los hombres de negro, que se escapan.

—Les llevamos a comisaría y les vamos a interrogar —les dice el inspector.

Antes, vuelve a casa de Fer y María.

—¿Saben dónde está su vecina? —pregunta.

María y Fer niegan con la cabeza.

—Vamos a registrar²³ su casa. A lo mejor encontramos alguna pista —dice el inspector.

—¿Escuchan todavía ruidos?

—No —responde Fer.

# 11

La policía se va con los hombres de negro. Están detenidos.

Pero nadie encuentra a Enriqueta, ni la policía ni los detenidos.

Fer y María entran en casa de nuevo. Van a la cocina. Es la hora de comer.

Llaman a Carmen para comer.

—Sultán ladra y ladra —le dice Carmen a sus padres—. Está todo el tiempo delante de la puerta del sótano.

—Tranquila, Carmen. Allí no hay nada —dice María.

Se sientan a comer y oyen un fuerte ruido de nuevo. Es otra vez en el sótano.

María se asusta, coge a la niña y sale al jardín.

Otro golpe fuerte suena en el sótano. Fer abre la puerta y baja las escaleras. Enciende la luz, pero no ve nada.

Mira por todas partes y en el suelo ve un cigarrillo.

Sultán entra en el sótano. Ladra muy fuerte delante de la pared. Es la pared de la casa de Enriqueta.

María y Fer deciden ir a un hotel unos días. Allí en el sótano hay alguien. No saben quién es y tienen miedo.

# 12

Una semana después, Fer y María vuelven a su casa. La policía no encuentra nada, pero ellos no están tranquilos.

Llaman a la puerta.

María va a abrir. Es el inspector.

—No tengo noticias sobre los ruidos. Pero su vecina está desaparecida. No la encontramos por ninguna parte —les dice el inspector.

—Su marido también está desaparecido —añade—. Y además, nadie sabe quién es ese hombre.

María y Fer le dicen que nunca está en casa y no lo ven.

En ese momento, ve a Sultán. El perro ladra delante de la puerta del sótano otra vez.

—¿Por qué ladra este perro? —pregunta con curiosidad.

—No lo sabemos. Solo le ladra a la vecina. Desde su desaparición, ladra al sótano —responde María.

—Si su vecina vuelve, por favor, llámennos. Vamos a registrar toda la casa otra vez —les dice.

El inspector sale camino del adosado de al lado.

La policía registra la casa. Buscan pistas. Quieren encontrar a Enriqueta y a su marido.

# 13

Dos horas después, el inspector y cuatro policías siguen allí.

María, Carmen y Fer ven una película en la televisión.

Oyen jaleo[24] y no es en la tele.

¡Es en el sótano!

De repente, la puerta del sótano se abre y aparece el inspector.

María y Fer se miran con asombro.

—Fernando, María, ya sabemos quién hace ruido en su sótano, deja comida y billetes de autobús allí —les dice.

—¿Cómo pueden entrar en el sótano sin entrar en la casa? —le pregunta Fer.

Sultán empieza a ladrar.

—Vengan, por favor —les dice señalando a la cocina.

De la puerta del sótano salen en ese momento dos policías con Enriqueta. La llevan detenida.

—Enriqueta, ¿qué pasa? —pregunta María.

Enriqueta la mira, pero no dice nada. Detrás, otros dos policías llevan a un hombre.

—Es el marido de Enriqueta —dice el inspector.

—Su nombre no es Enriqueta, sino Pilar Álvarez. Su marido y ella son ladrones de joyas.[25] Llevamos mucho tiempo buscándolos. Ellos son los intrusos en su sótano.

—Llevadlos a comisaría —dice el inspector a los policías.

El inspector está en el salón de María y Fer. Toman un café.

El inspector les cuenta la historia de Enriqueta y de su marido.

—Los hombres de negro son traficantes[26] de joyas. Buscan a sus vecinos para recuperar material robado —dice el inspector—. Su vecino es un ladrón de joyas. Roba las joyas de casas de personas importantes y de algunas joyerías.[27] Por eso vienen a su casa, pero no encuentran nada. Pilar cambia su nombre por el de Enriqueta, así nadie la conoce. Los hombres llegan, pero ellos tienen un plan. Hacen un túnel[28] entre su casa y ésta. El túnel llega a su sótano.

—Pasan por el túnel y se esconden en nuestro sótano —dice María.

—Por eso los ruidos —dice Fer.

—Y la comida y el billete de autobús —añade María.

—¿Y las joyas? —pregunta Fer—. ¿Hay joyas en su casa?

—No, las joyas están en este sótano —les cuenta el inspector—. Por eso su perro ladra delante de la puerta del sótano.

—¡Sultán es muy listo! —grita Carmen.

—Vamos a jugar al jardín, Sultán —le dice al perro—. La señora mala ya no está y no nos va a molestar.

—Ahora pueden estar tranquilos —les dice el inspector.

—Vamos a cerrar ese túnel con cemento —le dice Fer—. Nadie va a entrar por el sótano otra vez.

—Así van a vivir sin problemas —le responde el inspector.

—Eso espero —responde María.

—Le acompañamos a la puerta —dice Fer.

—Muchas gracias.

—Gracias a usted —dicen Fer y María.

Van todos hacia la puerta, el inspector sale y María le dice a su marido:

—Vamos al jardín, ahora no tenemos vecinos. No nos pueden espiar.

# Actividades
## Prepárate para la lectura

1. Mira estos tipos de viviendas. Escribe debajo de cada una la palabra correspondiente. Utiliza las palabras del recuadro.

> Piso    chalet    chalet adosado    castillo

2. ¿A cuál se parece tu vivienda?

---

# Actividades
## Prepárate para la lectura

**3. Describe tu casa. Puedes utilizar las palabras correspondientes a estas imágenes:**

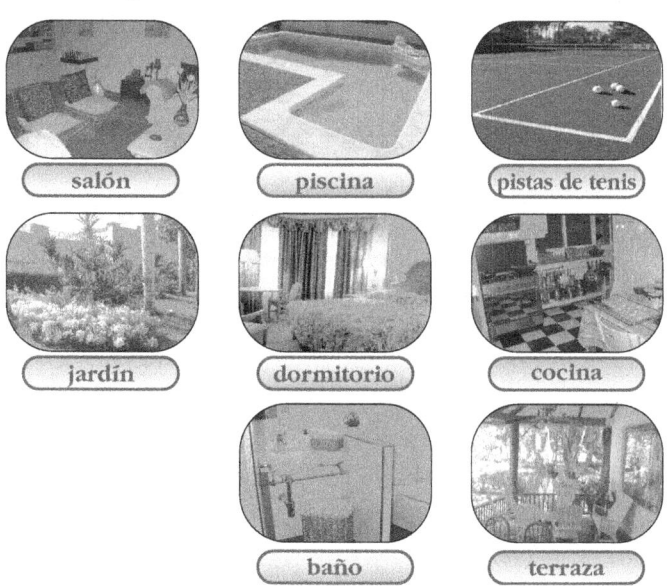

**Ejemplo:**
– *Mi casa es… (grande, luminosa).*
– *Mi casa tiene… (tres dormitorios, una cocina).*

Vivo en el centro de la ciudad. Mi casa es…

# Actividades
## Sobre la lectura

**1. Completa las fichas de María y Fer con información del texto:**

| MARÍA | |
|---|---|
| Edad | |
| Profesión | |
| Casada/Soltera | |
| Ciudad | |

| FERNANDO | |
|---|---|
| Edad | |
| Profesión | |
| Casado/Soltero | |
| Ciudad | |

**2. Describe la primera casa de María y Fer.**

**3. Ordena las acciones de María.**

- [ ] Come en el colegio.
- [ ] Está en el colegio toda la mañana.
- [ ] Le da el desayuno a Carmen y la lleva a la guardería.
- [ ] Recoge a Carmen y vuelven a casa.
- [ ] Sale de trabajar a las tres.
- [ ] Se levanta temprano.
- [ ] Va al colegio en autobús.

**4. Describe el adosado de María y Fer.**

**5. ¿Cómo se llama la vecina? ¿Cómo va vestida?**

**6. ¿Qué sabes de la vecina? Subraya las frases verdaderas.**
Vive con su marido, Fernando
Tiene dos perros grandes.
Tiene dos hijos.
Es ama de casa.
Su marido es empresario.
Su marido está siempre en casa.

**7. ¿Qué le regala Fernando a su hija? ¿Cómo se llama?**

# Actividades
## Sobre la lectura

8. ¿Qué ve Fernando detrás de las cortinas?

9. Los hombres de los coches van vestidos de color
   ☐ blanco   ☐ negro   ☐ azul   ☐ rosa

10. ¿De qué color va vestido el jefe?
    ☐ blanco   ☐ negro   ☐ azul   ☐ rosa

11. ¿A quién buscan los hombres?

12. ¿Por qué ladra Sultán?

13. ¿Cómo entran los vecinos en casa de María y Fer?

14. ¿A qué se dedica en realidad el marido de Enriqueta?

15. ¿Cuál es el verdadero nombre de Enriqueta?

16. Busca en la sopa de letras las profesiones que se mencionan en el texto:

- Profesora
- Policía
- Detective
- Ama de casa
- Ladrón
- Empresario

| A | N | R | A | D | R | E | P | D | K |
|---|---|---|---|---|---|---|---|---|---|
| M | G | E | C | R | O | V | B | O | U |
| A | D | P | X | T | L | Y | N | J | P |
| D | E | T | E | C | T | I | V | E | O |
| E | D | T | S | H | P | E | I | F | L |
| C | T | L | A | D | R | O | N | F | I |
| A | Y | D | Z | J | Ñ | D | S | D | C |
| S | U | L | Ñ | K | A | G | M | W | I |
| A | P | R | O | F | E | S | O | R | A |
| E | M | P | R | E | S | A | R | I | O |

## Sobre la lectura

**17. Une con una flecha las partes de las siguientes oraciones condicionales.**

1. Si vives en un apartamento    a. me compro un perro.

2. Si quieres podemos    b. tienes menos espacio que en un chalet.

3. Si puedo    c. te acompaño al cine.

4. Si tengo tiempo    d. prepara la comida de la niña.

5. Si llegas pronto a casa    e. ir juntas al gimnasio.

**18. Completa las frases con el posesivo adecuado.**

( su )    ( sus )    ( mis )    ( mi )    ( tu )

— La casa de _____ padres es muy grande.

— María cuida el perro de _____ hija.

— A Fer y a María les gustan _____ vecinos.

— Olivia dice a María: "ven con _____ hija al centro comercial".

— María contesta: No puedo. _____ marido llega a las 8.

**19. Escribe frases según el modelo usando comparativos.**

— Esta casa es **más** bonita **que** nuestro piso.

-------------------------------------------------------------

-------------------------------------------------------------

-------------------------------------------------------------

-------------------------------------------------------------

# Soluciones

Prepárate para la lectura

1.

chalet adosado — chalet — castillo — piso

De comprensión de la lectura

1.

| MARÍA | |
|---|---|
| Edad | 30 |
| Profesión | profesora |
| Casada/Soltera | casada |
| Ciudad | Madrid |

| FERNANDO | |
|---|---|
| Edad | 31 |
| Profesión | contable |
| Casado/Soltero | casado |
| Ciudad | Madrid |

2. Es una casa pequeña en el centro de Madrid. Tiene dos habitaciones, un salón, una cocina y un baño.

3. Se levanta temprano.
Le da el desayuno a Carmen y la lleva a la guardería.
Va al colegio en autobús.
Está en el colegio toda la mañana.
Come en el colegio.
Sale de trabajar a las tres.
Recoge a Carmen y vuelven a casa.

4. Es una casa grande. Tiene dos pisos. En el primer piso hay una habitación, un salón y una cocina. La habitación tiene libros de María. El salón tiene las paredes blancas, está la televisión y una pequeña mesa para trabajar. Encima de la mesa hay un ordenador. También hay dos sofás grandes de color verde. La cocina es amarilla con muchos muebles y una mesa muy grande. Hay armarios por todas partes.
En el segundo piso está la habitación de Carmen, la de María y Fernando y una de invitados.
La habitación de Carmen es rosa. Tiene una cama pequeña, un armario, una mesilla y mucho espacio para jugar. Está llena de juguetes.

# Soluciones

**5.** Enriqueta. Lleva una falda gris, una chaqueta rosa y unos zapatos de tacón muy altos. Tiene un anillo muy grande en el dedo índice.

**6.** <u>Es ama de casa.</u>
<u>Su marido es empresario.</u>

**7.** Un perro. Sultán.

**8.** A un hombre.

**9.** Negro.

**10.** Blanco.

**11.** A Enriqueta.

**12.** Porque no le gusta Enriqueta.

**13.** Por un túnel.

**14.** Es ladrón de joyas.

**15.** Pilar Álvarez.

**16.**

| A | N | R | A | D | R | E | P | D | K |
|---|---|---|---|---|---|---|---|---|---|
| M | G | E | C | R | O | V | B | O | U |
| A | D | P | X | T | L | Y | N | J | P |
| D | E | T | E | C | T | I | V | E | O |
| E | D | T | S | H | P | E | I | F | L |
| C | T | L | A | D | R | O | N | F | I |
| A | Y | D | Z | J | Ñ | D | S | D | C |
| S | U | L | Ñ | K | A | G | M | W | I |
| A | P | R | O | F | E | S | O | R | A |
| E | M | P | R | E | S | A | R | I | O |

**17.** 1. Si vives en un apartamento tienes menos espacio que en un chalet. (b)
2. Si quieres podemos ir juntas al gimnasio. (e)
3. Si puedo me compro un perro. (a)
4. Si tengo tiempo te acompaño al cine. (c)
5. Si llegas pronto a casa prepara la comida de la niña. (d)

**18.** — La casa de **mis** padres es muy grande.
— María cuida el perro de **su** hija.
— A Fer y a María les gustan **sus** vecinos.
— Olivia dice a María: "ven con **tu** hija al centro comercial".
— María contesta: No puedo. **Mi** marido llega a las 8.

# Notas

1. adosado *f.*: casa unifamiliar que está pegada a otra, sin espacio entre ellas.
2. convencer: persuadir.
3. afueras *f.*: alrededores de una población.
4. profesora *f.*: mujer que enseña a los alumnos en un colegio.
5. vecinos *m.*: personas que viven cerca o al lado.
6. urbanización *f.*: lugar con muchas casas iguales o parecidas.
7. espejo *m.*: cristal que refleja los objetos o personas que tiene delante.
8. tacón *m.*: parte de atrás de un zapato.
9. bizcocho *m.*: pastel.
10. ama de casa *f.*: mujer que se ocupa de las tareas del hogar.
11. empresario *m.*: dueño de una empresa.
12. exportación *f.*: venta a otros países.
13. lazo *m.*: nudo de tela o de cuerda que sirve de adorno.
14. perrito *m.*: perro pequeño.
15. sombra *f.*: imagen de un objeto que se proyecta sobre el suelo.
16. guardaespaldas *m.*: persona que se ocupa de proteger a otras personas que corren algún riesgo.
17. mayor: de edad avanzada.
18. inquieto: que no para de moverse.
19. discos *m.*: lámina circular, usada para reproducir el sonido en un tocadiscos.
20. pruebas *f.*: argumentos que sirve para demostrar la verdad.
21. atentamente: con mucha atención.
22. cuerpo *m.*: en este caso, hace referencia a la policía.
23. registrar: mirar por todas partes, normalmente, para encontrar algo.
24. jaleo *m.*: ruido.
25. joyas *f.*: adornos, generalmente, de oro y plata.
26. traficante *m.*: que vende cosas de un modo ilegal.
27. joyerías *f.*: tiendas de **joyas** (ver nota 26).
28. túnel *m.*: camino por debajo de la tierra.

# Colección

## LECTURAS FÁCILES EN ESPAÑOL PARA JÓVENES Y ADULTOS

### NIVEL 1 (A1-A2)

- Ruidos en el adosado
- Ruidos en el adosado + audio en MP3
- Misterio en Santiago de Chile
- Misterio en Santiago de Chile + CD
- Calle Mayor, 10
- Calle Mayor, 10 + CD
- Leyendas
- Leyendas + audio en MP3

### NIVEL 2 (B1)

- Vacaciones en isla Margarita
- Cantar del Mío Cid
- Cantar del Mío Cid + audio en MP3
- Don Juan Tenorio
- Don Juan Tenorio + audio en MP3
- Ocurrió en el Retiro
- Ocurrió en el Retiro + audio en MP3

### NIVEL 3 (B2)

- Puente aéreo
- Cita en la Recoleta
- Cita en la Recoleta + audio en MP3
- Muerte en Cancún
- Libertad condicional
- Con la sartén por el mango
- Con la sartén por el mango + audio en MP3
- Fiera muerte

### NIVEL 4 (C1)

- Espionaje industrial
- El juicio
- Don Quijote de la Mancha
- Don Quijote de la Mancha + audio en MP3